РУССКИЙ ЯЗЫК ДЛЯ ДЕТЕЙ

СОРОКА 3
УЧЕБНИК

MARIANNA AVERY
SOROKA 3. RUSSIAN FOR KIDS
STUDENT'S BOOK

Avery M.
Soroka 3. Russian for Kids: Student's Book. -
New Orleans: Avery M., - 64 p, il.
Illustrated by Irina Kravtsova.

Copyright (c) 2018 Marianna Avery
All rights reserved.

www.SorokaD.com
email: opulentus@mail.ru
https://www.facebook.com/marianna.avery
https://www.facebook.com/groups/avery.soroka

УРОК 1

У ПРИНЦЕ́ССЫ КОРО́НА?

Что ты рису́ешь? Мо́жно посмотре́ть?

Я рису́ю принце́ссу. У принце́ссы дли́нные во́лосы и коро́на.

Я рису́ю слона́. У слона́ больши́е у́ши.

Я рису́ю ко́шку. У ко́шки дли́нный хвост.

Я рису́ю Дени́са. У Дени́са велосипе́д.

Я рису́ю авто́бус. У авто́буса четы́ре колеса́.

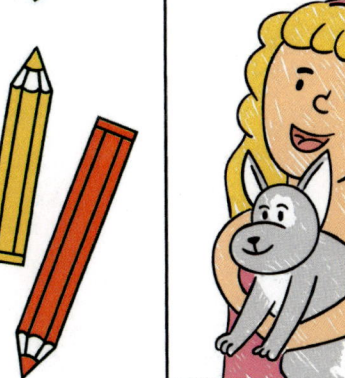

Я рису́ю Ви́ку. У Ви́ки соба́ка.

КОМИКС

Тёмный след

— Виталик, подожди минуточку, пожалуйста.

— Нет, это дорого...

— Ты ещё не готов. Собаку надо учить, тренировать, с ней надо гулять.

— Я буду гулять с собакой! Я буду её тренировать!

— Ты целый день в школе. У тебя есть время гулять с собакой? Я не согласна, я против.

УРОК 1

У КОГО́ ЕСТЬ КАРАНДА́Ш?

— У кого́ есть каранда́ш?
— У Ани есть каранда́ш.

— У кого́ есть кра́сное пла́тье?
— У Ма́ши есть кра́сное пла́тье.

Аня

Максим

Катя

Вика

Денис

Маша

Вова

Иван

4 УРОК 1

КУДА́ ИДЁТ ИВА́Н?

Расскажи́, куда́ иду́т Ива́н, Ма́ша, Дени́с и Ка́тя.

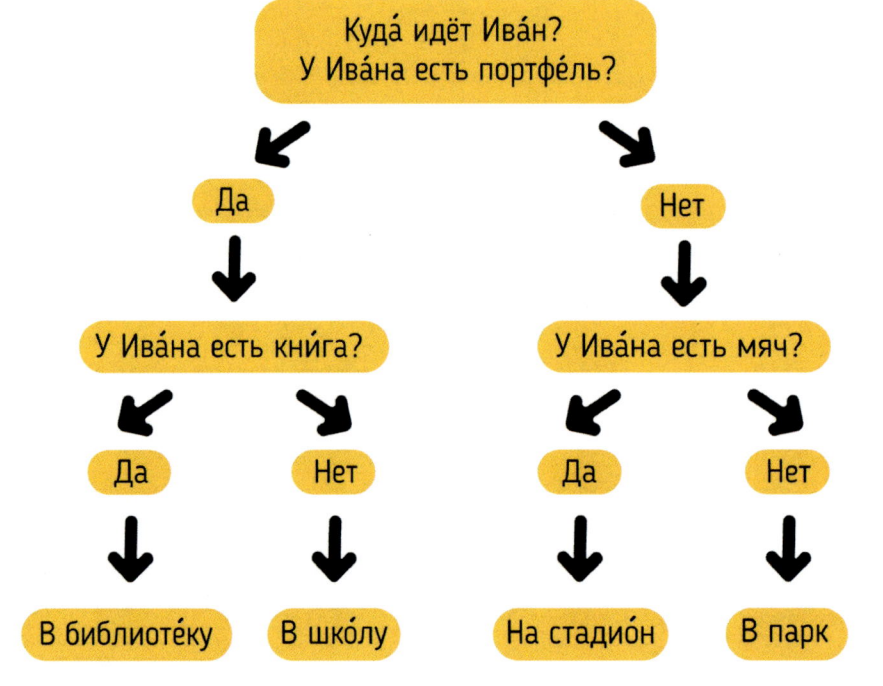

(Маша)   (Иван)   (Денис)   (Катя)

Куда́ идёт Ива́н?
У Ива́на есть портфе́ль?

→ Да
→ У Ива́на есть кни́га?
  → Да → В библиоте́ку
  → Нет → В шко́лу

→ Нет
→ У Ива́на есть мяч?
  → Да → На стадио́н
  → Нет → В парк

УРОК 2
ЦЕНТР НАШЕГО ГОРОДА

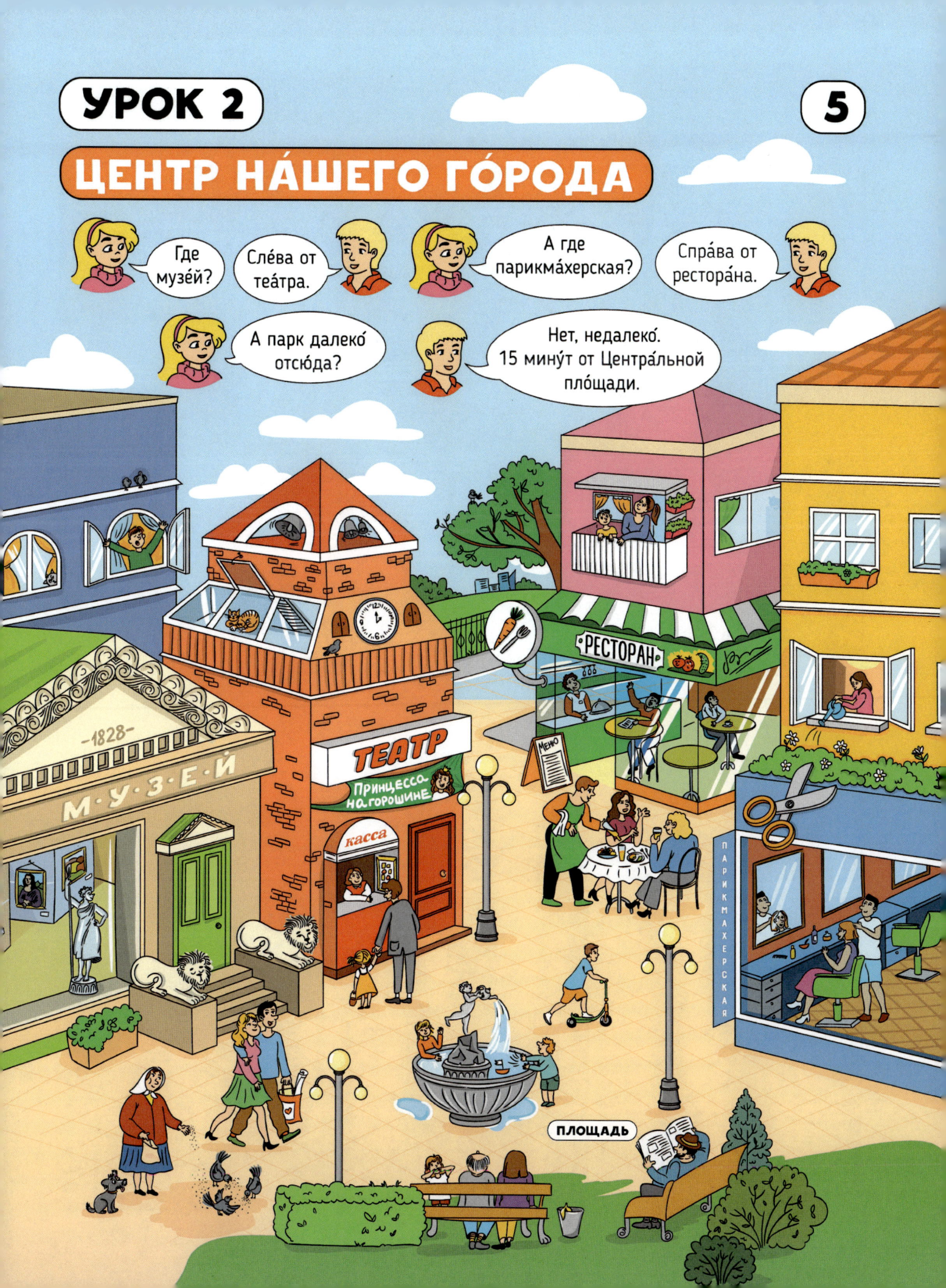

— Где музей?
— Слева от театра.

— А где парикмахерская?
— Справа от ресторана.

— А парк далеко отсюда?
— Нет, недалеко. 15 минут от Центральной площади.

6 КОМИКС

ПРОПАЛА СОБАКА УРФИН
ВЛАДИМИР ПЕТРОВИЧ
8-080-770-793

— Будешь пить чай?
— Да, буду.

ДЗЫ-Ы-НЬ

— Привет! Как дела?

— Здравствуйте! Знакомьтесь, его зовут Рекс.

— Привет, Рекс!

УРОК 2

ОТКУДА?

- Откуда? — Из дома.
- Где? — На улице.
- Куда? — В школу.
- Откуда? — Из театра.
- Где? — В машине.
- Куда? — Домой.
- Откуда? — Из парикмахерской.
- Где? — В центре города.
- Куда? — В ресторан.

Максим пришёл из школы.

Денис вернулся со стадиона.

Вика пришла из магазина.

В 8 часов я вышел из дома.

Мама достала тетрадь из портфеля.

Бабушка вышла из кухни.

Кошка пришла с улицы.

УРОК 2

8

КТО? КУДА́? ГДЕ? ОТКУ́ДА? СКО́ЛЬКО? ЧТО?
ЗАДА́Й ВОПРО́СЫ

КОНЕЦ ИГРЫ

7 — Ресторан справа от театра. | Иван на стадионе.
6 — Нам нужно пятнадцать тетрадей. | Вова пришёл из магазина.
5 — Маша идёт в парикмахерскую. | Парикмахерская слева от библиотеки.
4 — Мама и папа в театре. | Мы покупаем два мяча.
3 — Аня пришла из библиотеки. | Мы идём в центр города.
2 — На улице много машин. | Два часа.
1 — Одиннадцать часов. | В городе много парков

НАЧАЛО ИГРЫ

УРОК 3

9

ЧТО ВЫ КУПИ́ЛИ? ЧТО ТЫ КУПИ́Л? СКО́ЛЬКО СТО́ИТ?

- 150 рублей
- 82 рубля
- 25 рублей
- 71 рубль
- 15 рублей
- 187 рублей
- 34 рубля
- 51 рубль
- 62 рубля
- 12 рублей
- 162 рубля
- 191 рубль

10 КОМИКС

Панель 1:
— Пойдем на кухню пить чай.
— Рекс, пойдем!

Панель 2:
— Дима, а его точно зовут Рекс?
— Да, так сказал продавец.

Панель 3:
— Рекс! Сидеть!

Панель 4:
— Где вы купили собаку?
— На рынке.

Панель 5:
— Сколько вы заплатили?
— 180 рублей.

Панель 6:
— Это очень хорошая собака. Почему так дешево?
— Я не знаю.

Панель 7:
— Садись!

УРОК 3

11

ДЕНЬ РОЖДЕ́НИЯ ДЕНИ́СА. ОТ КОГО́ ПОДА́РКИ?

- от мамы и папы
- от Вовы
- от Ани
- от Вики и Максима
- от Ивана и Кати

БА́БУШКА КУПИ́ЛА ПОДА́РКИ. ДЛЯ КОГО́?

- Для Вовы
- Для Ани
- Для Кати
- Для Максима
- Для Вики

УРОК 3

НАЙДИ ОТЛИЧИЯ НА КАРТИНКАХ. ВСЕГО 10 ОТЛИЧИЙ.

УРОК 4

В ГОРОДСКОМ МУЗЕ́Е.

— Что мы мо́жем уви́деть в городско́м музе́е?
— Мы мо́жем уви́деть стари́нные ве́щи.

— Что мы мо́жем узна́ть в городско́м музе́е?
— Мы мо́жем узна́ть исто́рию на́шего го́рода.

- Исто́рия городско́й библиоте́ки
- Худо́жник
- Карти́на
- Стари́нный велосипе́д
- Исто́рия фонта́на
- Исто́рия па́рка и́мени Гага́рина.
- Ста́туя
- Оде́жда
- Ва́за
- Исто́рия де́тского теа́тра
- Посу́да
- украше́ния

14 **КОМИКС**

УРОК 4

ИЗ ЧЕГО СДЕЛАНА РАСЧЁСКА?

Стекло. Бутылка сделана из стекла.

Камень. Дом сделан из камня.

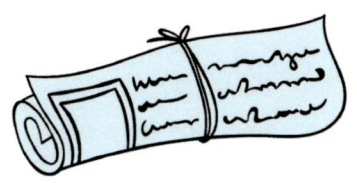

Бумага. Газета сделана из бумаги.

Велосипед. Велосипед сделан из металла.

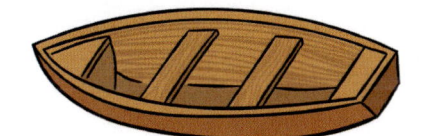

Дерево. Лодка сделана из дерева.

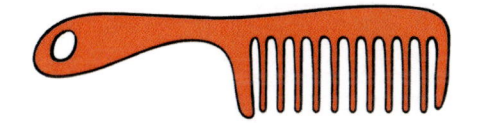

Пластмасса. Расчёска сделана из пластмассы.

ПОСЛУШАЙ И ПОКАЖИ

— Из чего сделана книга?
— Книга сделана из бумаги.

16 УРОК 4

ЧЬЯ КЛЕ́ТКА

1. Кле́тка ти́гра в це́нтре.
2. Кле́тка слона́ спра́ва от кле́тки ти́гра.
3. Кле́тка медве́дя сле́ва от кле́тки ти́гра.
4. Кле́тка верблю́да спра́ва от кле́тки слона́.
5. Кле́тка лисы́ сле́ва от кле́тки медве́дя.
6. Кле́тка обезья́ны спра́ва от кле́тки верблю́да.
7. Кле́тка во́лка сле́ва от кле́тки лисы́.

УРОК 5

ТЫ ГОВОРИ́ШЬ ПО-РУ́ССКИ?

— Я ру́сский. Я живу́ в Росси́и. Я говорю́ по-ру́сски.

— Я ру́сская. Я живу́ в Росси́и. Я говорю́ по-ру́сски.

— А ты говори́шь по-ру́сски? А ты изуча́ешь ру́сский язы́к?

— Мы изуча́ем ру́сский язы́к. Мы говори́м по-ру́сски.

Москва́

РОССИЯ

Это Москва́.
Москва́ - большо́й и краси́вый го́род.
Москва́ – столи́ца Росси́и.

18 КОМИКС

— Может, собака болеет? Почему его покрасили? Хозяин не хочет лечить собаку, прячет болячки? Поэтому покрасил и продал? Чтобы не возиться? Давай спросим у него?

— А как мы его спросим? Мы его не знаем. Где мы его найдём?

— Можно спросить на рынке. Пойдём на рынок! Может, узнаем, как зовут продавца.

УРОК 5

19

ЧТО ТЫ ВИ́ДИШЬ НА КАРТИ́НЕ?

СКÁЗКА КОЛОБÓК.

УРОК 6

ВРЕМЕНА́ ГО́ДА И МЕ́СЯЦЫ.

дека́брь

янва́рь

февра́ль

март

апре́ль

май

ию́нь

ию́ль

а́вгуст

сентя́брь

октя́брь

ноя́брь

Како́е сейча́с вре́мя го́да?

Како́й сейча́с ме́сяц?

о́сень, зима́, весна́, ле́то.

КОМИКС

— Где-то я его видел!..

— Это он? Это у него ты купил собаку?
— Да, он. Ты видел: у него новая собака?

— Сколько у него собак! И все одинакового цвета!..
— Не знаю. Все это очень странно.

— Надо всё узнать. Давай в воскресенье снова пойдём на рынок!

УРОК 6

ПРОГНО́З ПОГО́ДЫ.

Кака́я за́втра бу́дет пого́да?
Кака́я пого́да была́ вчера́?

В четве́рг о́блачно, бу́дет до́ждь.
Температу́ра во́здуха +11 гра́дусов
В сре́ду тепло́ и со́лнечно.
Температу́ра во́здуха +21 гра́дус.

Это ра́дуга

Пого́да в Москве́ на сего́дня.

| Ночь +16 Ясно | Утро +19 Облачно | День +21 Облачно | Вечер +16 Ясно |

Кака́я пого́да сего́дня у́тром?

Сего́дня у́тром о́блачно, дождя́ нет, температу́ра во́здуха + 19.

Пого́да на неде́лю.

Сего́дня есть ве́тер?

Сего́дня ве́тра нет.

Да, сего́дня ве́трено.

	четве́рг	пя́тница	суббо́та	воскресе́нье	понеде́льник
ночь	-1	+1	+7	+3	+8
день	+9 Ве́тра нет	+12 Ве́тер	+14 Ве́тра нет	+13 Ве́тра нет	+18 Ве́тер

24 УРОК 6

ИГРА «ВРЕМЕНА ГОДА»

Скажи два слова о каждой картинке.

СТАРТ → ☀️ → ФЕВРАЛЬ → ОСЕНЬ → ИДЁТ СНЕГ → ИДЁТ ДОЖДЬ → ВЕРНИСЬ НА КЛЕТКУ ФЕВРАЛЬ → ХОЛОДНО → АПРЕЛЬ → ЖАРКО → ВЕРНИСЬ И НАЧНИ СНАЧАЛА → ЛЕТО → НОЯБРЬ → ЗИМА → ДУЕТ ВЕТЕР → ФИНИШ

УРОК 7

КОГДА?

- Утром, днём, вечером, ночью
- В феврале, в марте, в июне, в октябре.
- В воскресенье, в среду, во вторник, в пятницу
- Зимой, весной, летом, осенью.

1. Когда мы носим тёплую одежду?
   — Мы носим тёплую одежду зимой.

2. Когда у тебя день рождения?
   — Мой день рождения в апреле.

3. Когда твоя кошка любит гулять?
   — Моя кошка любит гулять ночью.

4. Когда вы были в зоопарке?
   — Мы были в зоопарке в воскресенье вечером.

5. Когда ты гуляешь с собакой?
   — Я гуляю с собакой утром.

6. Когда мы говорим «Добрый вечер!»?
   — Мы говорим «Добрый вечер!» только вечером.

26 КОМИКС

Панель 3: Он красит всех собак! Это не его собаки!

Панель 4: Что вы тут делаете?

Панель 5: ?!

Панель 6: Что вы продаете? Что вы покупаете? — Мы только хотели найти продавца собак.

Панель 7: Нашли? — Да...

УРОК 7

КАКО́Й ВЕС У СЛОНА́?

- 100 сто
- 200 две́сти
- 300 три́ста
- 400 четы́реста
- 500 пятьсо́т
- 600 шестьсо́т
- 700 семьсо́т
- 800 восемьсо́т
- 900 девятьсо́т
- 1000 ты́сяча
- 2000 две ты́сячи

Слон ве́сит две ты́сячи семьсо́т во́семьдесят шесть килогра́ммов.

Прочита́й и соедини́:

1. Одна́ ты́сяча семна́дцать
2. Восемьсо́т два́дцать шесть
3. Две ты́сячи четы́реста пятьдеся́т три
4. Девятьсо́т оди́ннадцать
5. Две́сти три́дцать семь
6. Шестьсо́т шестьдеся́т четы́ре

237
2453
664
1017
826
911

СКОЛЬКО ДНЕЙ В ГОДУ?

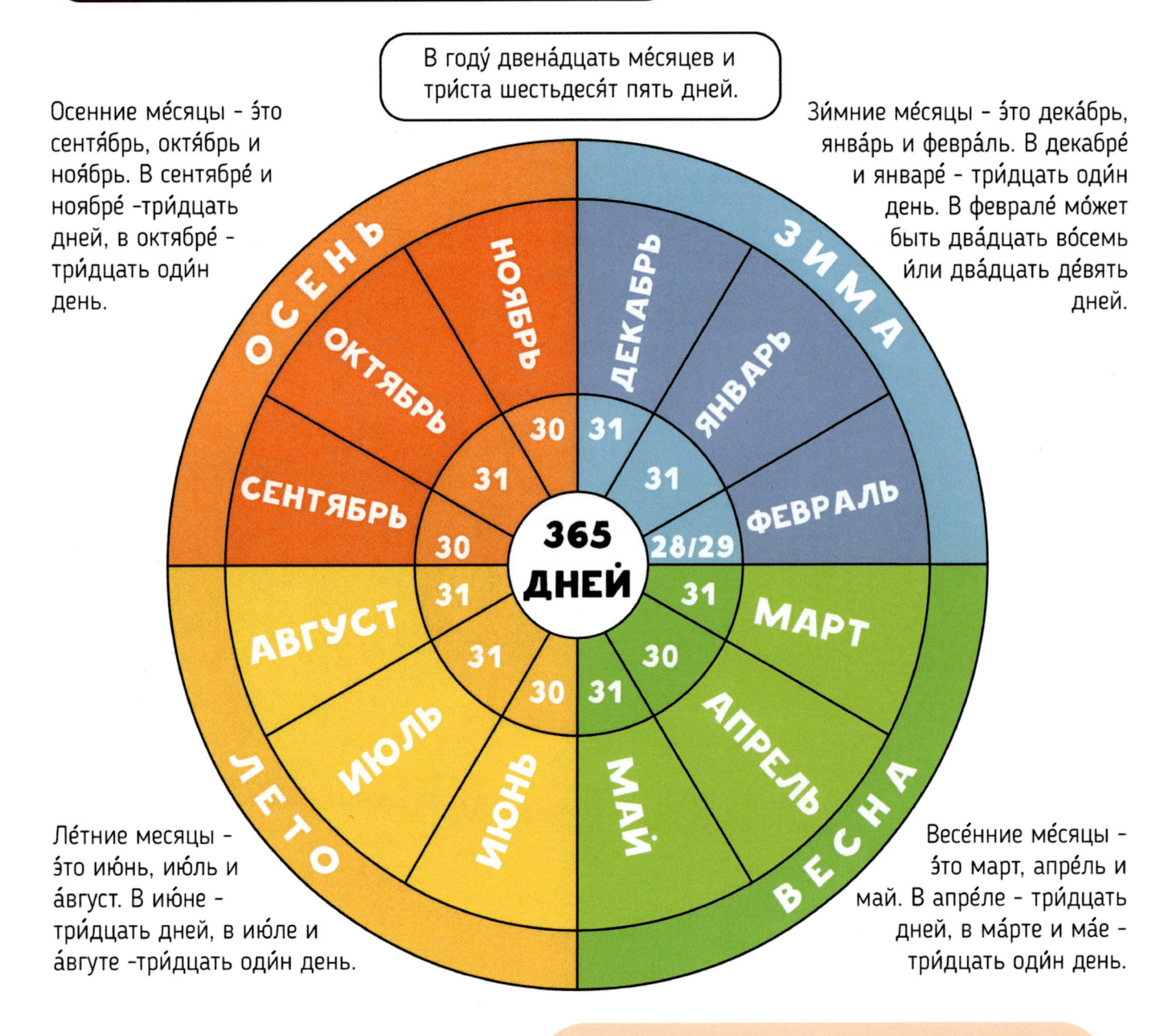

В году двенадцать месяцев и триста шестьдесят пять дней.

Осенние месяцы – это сентябрь, октябрь и ноябрь. В сентябре и ноябре – тридцать дней, в октябре – тридцать один день.

Зимние месяцы – это декабрь, январь и февраль. В декабре и январе – тридцать один день. В феврале может быть двадцать восемь или двадцать девять дней.

Летние месяцы – это июнь, июль и август. В июне – тридцать дней, в июле и августе – тридцать один день.

Весенние месяцы – это март, апрель и май. В апреле – тридцать дней, в марте и мае – тридцать один день.

ОСЕНЬ: НОЯБРЬ 30, ОКТЯБРЬ 31, СЕНТЯБРЬ 30
ЗИМА: ДЕКАБРЬ 31, ЯНВАРЬ 31, ФЕВРАЛЬ 28/29
ВЕСНА: МАРТ 31, АПРЕЛЬ 30, МАЙ 31
ЛЕТО: ИЮНЬ 30, ИЮЛЬ 31, АВГУСТ 31

365 ДНЕЙ

Ответь на вопросы:

1. Сколько дней в апреле?
2. Сколько дней в октябре?
3. Февраль – это зимний месяц или летний?
4. Сколько дней в феврале в этом году?
5. Сколько дней в году?
6. Сколько месяцев в году?

УРОК 7

УРОК 8

КОГДА́? ИНОГДА́, НИКОГДА́, ВСЕГДА́, КА́ЖДЫЙ ДЕНЬ?

- Когда́ ты игра́ешь?
- Когда́ они́ игра́ют? 
- Когда́ мы игра́ем? 
- Ты уме́ешь игра́ть в те́ннис? 
- Я учу́сь игра́ть в ша́хматы.

	Футбо́л	Хокке́й	Баскетбо́л	Те́ннис
Иногда			✓	
Никогда	✓			
Всегда				✓
Каждый день		✓		

Футбо́л

Хокке́й

Баскетбо́л

Волейбо́л

Те́ннис

Ша́хматы

КОМИКС

Ну и что! Собаки могут быть одного цвета. Уходите!..

У продавца уже три разных собаки. Они все одного цвета...

Чуть позже...

Что-то здесь не так. Этот мужчина не настоящий хозяин. Может, он крадёт собак?

Ты думаешь?

Я не знаю, но если Рекса украли, то это значит, что у него есть настоящий хозяин и он ищет свою собаку. Давай искать хозяина!

Смотри!

Пропала собака УРФИН

Кличка собаки ...Урфин.

Урфин!!!

УРОК 8

(31)

ШКО́ЛЬНЫЙ ОРКЕ́СТР

Ка́тя поёт, Ма́ша игра́ет на скри́пке, на чём игра́ет Во́ва?

КОНЦЕРТ «ОСЕНЬ».
СУББОТА, 6 ЧАСОВ ВЕЧЕРА

ВЫСТУПАЕТ ШКОЛЬНЫЙ ХОР.
СОЛИСТ – КАТЯ А.

ШКОЛЬНЫЙ АНСАМБЛЬ:
СКРИПКА – МАША К.
ПИАНИНО – ВОВА М.
ГИТАРА – ДЕНИС К.

УРОК 8

СОЕДИНИ́ ВОПРО́СЫ С ОТВЕ́ТАМИ

1. Когда́ ты смо́тришь телеви́зор?

2. Когда́ ты пьёшь ко́фе?

3. Ты пьёшь ко́фе ка́ждый день?

4. Когда́ ты игра́ешь в компью́терные и́гры?

5. Ты игра́ешь в ша́хматы?

6. Что ты де́лаешь ве́чером?

7. Что ты де́лаешь у́тром?

А. Я пью ко́фе у́тром.

Б. Я никогда́ не игра́ю в компью́терные и́гры.

В. Иногда́ ве́чером я смотрю́ телеви́зор.

Г. У́тром я всегда́ рабо́таю (и в воскресе́нье то́же).

Д. Да, я пью ко́фе ка́ждый день.

Е. Ве́чером я чита́ю и́ли игра́ю на гита́ре.

Ж. Да, иногда́ я игра́ю в ша́хматы.

УРОК 9

НА́ШЕ ТЕ́ЛО

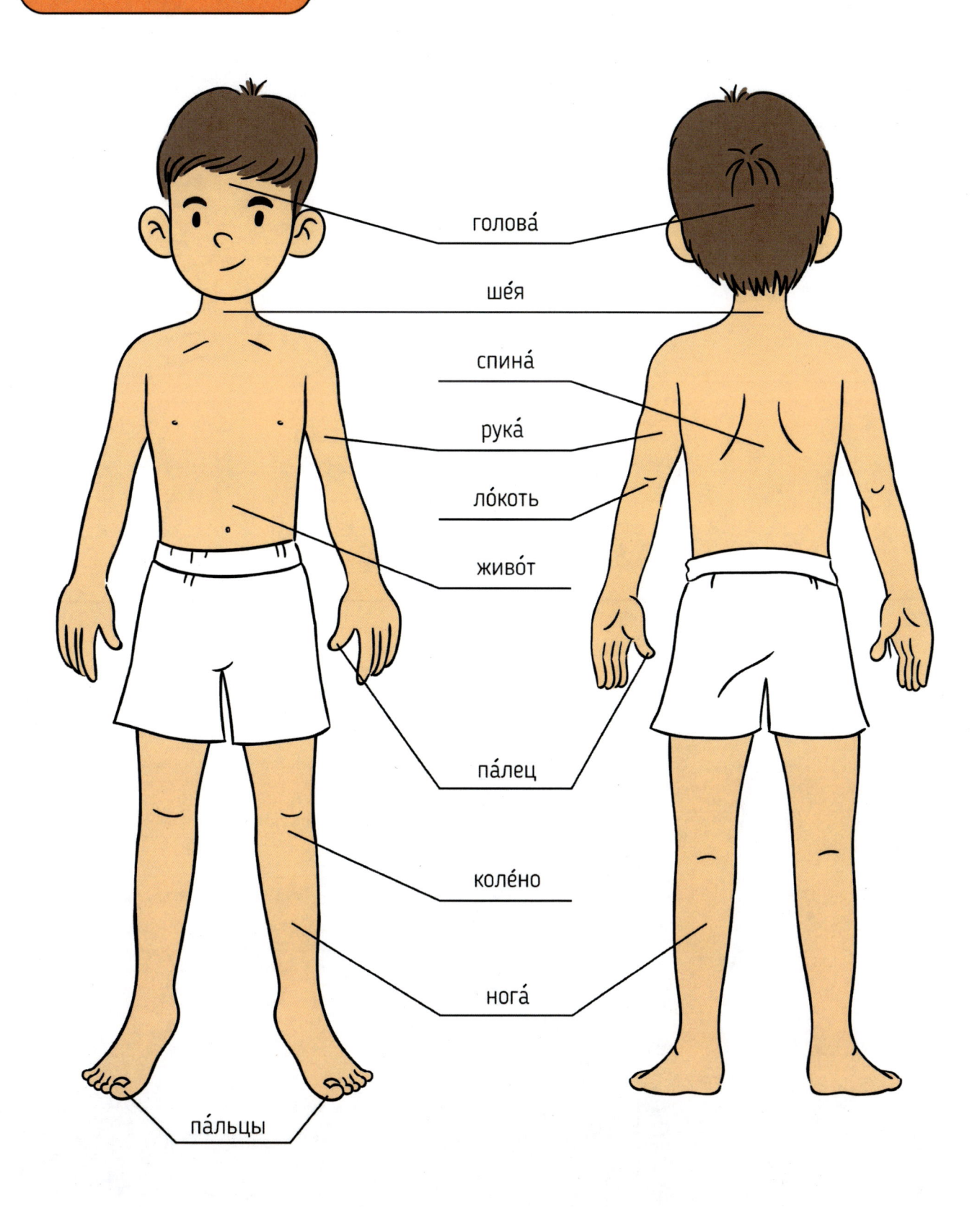

- голова́
- ше́я
- спина́
- рука́
- ло́коть
- живо́т
- па́лец
- коле́но
- нога́
- па́льцы

КОМИКС

34

Нельзя! Уходите! Я вас уже видел. Вы ничего не покупаете и ничего не продаёте. Вы хулиганы. Уходите, иначе я позову полицию.

УРОК 9

У ВРАЧА

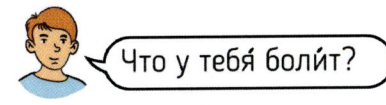

— Что у тебя болит?
— У меня болит голова.
— У меня болит живот.
— У меня болят зубы.

1. БОЛЬНИЦА. Врач Т.Н. Романова. Приём больных с 8 до 12.

2. — Ваш сын здоров.

3. — Ты пьёшь лекарство и витамины?
— Да, вот мои таблетки.

4. — У неё высокая температура. У неё грипп.

36

УРОК 9

СРАВНИ́ТЕ КАРТИ́НКИ

УРОК 10

ПОВТОРЕ́НИЕ (УРО́КИ 6-10)

У меня́ день рожде́ния в ию́не.
В ию́не тепло́. У меня́ кани́кулы.
Я игра́ю в волейбо́л на у́лице,
гуля́ю с друзья́ми.

В январе́ хо́лодно, ча́сто идёт снег
и ду́ет ве́тер. В январе́ я ча́сто сижу́ до́ма.
Я чита́ю, игра́ю на компью́тере,
игра́ю на пиани́но.

Кака́я пого́да в ию́не?
Что вы де́лаете в ию́не?

Кака́я пого́да в январе́?
Что вы де́лаете в январе́?

КОМИКС

38

Спустя 10 минут...

Родители на рынке...

Пока! Пока!

Что случилось?
Мы были на рынке...

УРОК 10

У ТЕБЯ́ ШЕСТЬ КАРТИ́НОК. ПОДБЕРИ́ К НИМ СЛОВА́

а. Ка́тя боле́ет, лежи́т до́ма и спит.

б. У неё грипп, температу́ра 38.

в. Ка́тя здоро́ва.

г. Мари́я рабо́тает в больни́це, она́ врач.

д. Ма́льчики игра́ют в ша́хматы.

е. Де́вочки игра́ют в баскетбо́л.

КУ́РОЧКА РЯ́БА

УРО́К 10

УРОК 11

ПОРА ОБЕДАТЬ!

— Я хочу есть. Что сегодня на обед?

— Сегодня на обед суп и салат.

— Какой хлеб ты любишь больше, чёрный или белый?

— Я больше люблю чёрный хлеб.

— Что ты любишь больше, сок или молоко?

— Я больше люблю сок.

картошка

суп

салат

овощи

фрукты

мясо

котлеты

пельмени

печенье

КОМИКС

...у него краденые собаки!..

Здравствуйте, это у вас пропала собака?

Да! Совершенно верно!

Хорошо! До встречи в парке.

Нашлась хозяйка. Она сейчас приедет.

?!

УРОК 11

ЧТО ТАКО́Е БОРЩ?

Борщ – э́то ру́сский суп из овоще́й.

ОН НЕ ЕСТ МЯ́СО, ОН ВЕГЕТАРИА́НЕЦ. ЧТО ОН ЕСТ?

Све́жий овощно́й сала́т.

Фрукто́вый сок.

> Апельси́новый сок – э́то сок из апельси́нов.
> Я́блочный сок – э́то сок из я́блок.

УРОК 11

ПОРА ОБЕДАТЬ!

Пора обедать.

Пора гулять.

Пора делать уроки.

Пора играть в футбол.

Пора идти на работу.

Пора вставать.

Пора кормить рыбку.

Пора гулять с собакой.

УРОК 12

ЧТО ТЫ ГОТО́ВИШЬ?

—Что ты гото́вишь?
—Я гото́влю котле́ты и карто́шку на у́жин.

—Ты гото́вишь котле́ты из мя́са?
—Да, котле́ты из мя́са.

—Что ты печёшь?
—Я пеку́ пече́нье.

—Что ты ва́ришь?
—Я варю́ суп на обе́д.

мука́

ма́сло

соль

мука́

са́хар

У меня́ я́йца, мука́, са́хар, соль, ма́сло, молоко́. Я бу́ду печь пече́нье.

КОМИКС

46

Виталик заболел...

- ?!
- Это не моя собака. Жалко...
- Если хозяин не найдется, ты останешься у меня.
- Здравствуйте! Это у вас пропала собака?
- Заходите! Он очень плохо себя чувствует. Температура очень высокая.
- Как ты?
- Здравствуйте! Это у вас пропала собака?

УРОК 12

47

ЧТО НУ́ЖНО ВЗЯТЬ?

Что ну́жно взять? Ну́жно взять молоко́ из холоди́льника.

Хорошо́. Бери́ молоко́, а я возьму́ хлеб.

Это стол. Я беру́ хлеб со стола́.

Это холоди́льник. Возьми́ ма́сло из холоди́льника.

Это шкаф. Я беру́ муку́ из шка́фа.

Это по́лка. Я беру́ коро́бку с по́лки.

УРОК 12

Я ПЕКУ ПЕЧЕНЬЕ. РЕЦЕПТ

1. Мне нужно:
   - 90 граммов сахара
   - 2 яйца
   - 260 граммов муки
   - 150 граммов масла
   - Соль

2. Я беру сахар и яйца.

3. Добавляю масло и соль.

4. Добавляю муку.

5.

6.

7.

8.

9.

УРОК 13

НА СТОЛЕ ПОСУДА

чашка
стакан
ложка
тарелка

Я ем из тарелки, я пью из стакана.

Стакан сока, стакан воды.

Чашка чая, чашка кофе.

Тарелка супа, тарелка пельменей.

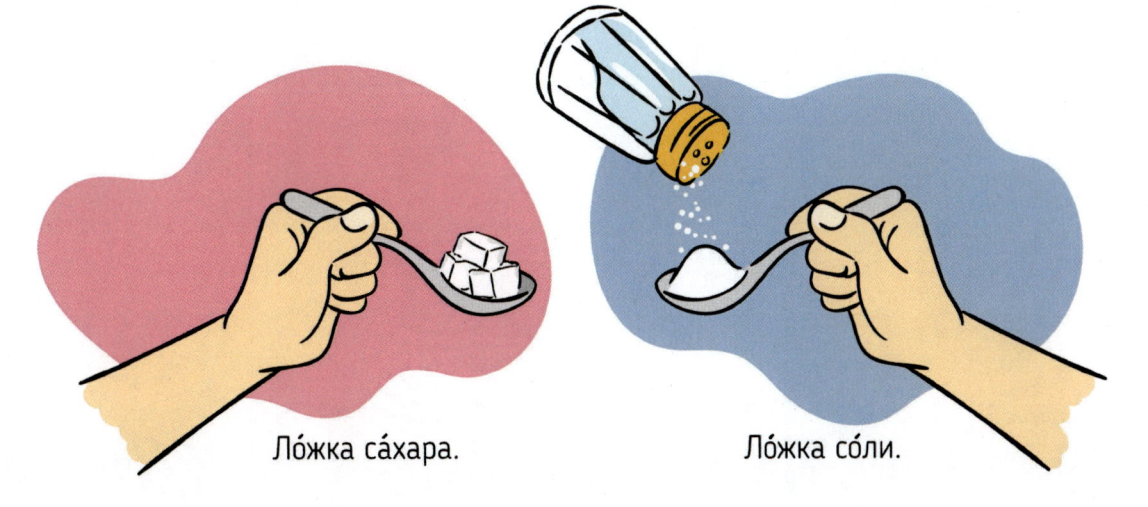

Ложка сахара.

Ложка соли.

КОМИКС

50

УРОК 13

ГОТО́ВИМ НА КУ́ХНЕ

нож, ча́йник, ра́ковина, кастрю́ля, плита́

Чи́стая посу́да.

Гря́зная посу́да.

Чи́стая посу́да в шкафу́.

Гря́зная посу́да в ра́ковине.

Я налива́ю суп из кастрю́ли.

Ты налива́ешь чай из ча́йника.

52

УРОК 13

НАЙДИ́ ОТЛИ́ЧИЯ НА КАРТИ́НКАХ.

УРОК 14

ИЗ БОЛЬШО́ГО ХОЛОДИ́ЛЬНИКА, ИЗ БОЛЬШО́Й КАСТРЮ́ЛИ.

Из большо́го холоди́льника

Из большо́й кастрю́ли

из но́вого ча́йника

из пластма́ссового стака́на

Из чи́стой таре́лки

Из стекля́нной ча́шки

из деревя́нного я́щика

Из бума́жной коро́бки

из ку́хонного шка́фа

Из деревя́нной ло́жки

КОМИКС

УРОК 14

В БОЛЬШО́М ХОЛОДИ́ЛЬНИКЕ – ИЗ БОЛЬШО́ГО ХОЛОДИ́ЛЬНИКА

Суп в большо́й кастрю́ле. Ма́ма налива́ет суп из большо́й кастрю́ли.

Пече́нье в бума́жной коро́бке. Возьми́ пече́нье из бума́жной коро́бки.

Чай в стекля́нной ча́шке. Я пью чай из стекля́нной ча́шки.

Ма́сло в большо́м холоди́льнике. Возьми́ из большо́го холоди́льника.

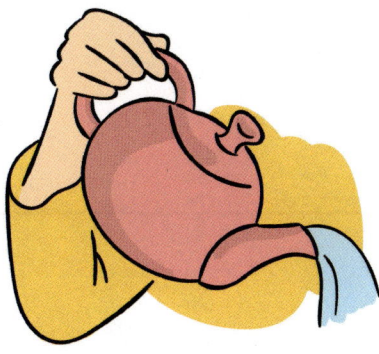

Вода́ в но́вом ча́йнике. Нале́й из но́вого ча́йника.

Сок в пластма́ссовом стака́не. Возьми́ из пластма́ссового стака́на.

Хлеб в деревя́нном я́щике. Возьми́ из деревя́нного я́щика.

Соль в ку́хонном шкафу́. Возьми́ из ку́хонного шка́фа.

Мы бы́ли в большо́м магази́не. Мы идём домо́й из большо́го магази́на.

56 УРОК 14

ЗАДА́Й ВОПРО́СЫ

КОНЕ́Ц ИГРЫ

7 — Ма́сло в холоди́льнике. / Ло́жка сле́ва от таре́лки.

6 — Расчёска из пластма́ссы. / Я гуля́ю с соба́кой у́тром.

5 — Нож спра́ва от таре́лки. / Ло́дка из де́рева.

4 — Мы бы́ли в зоопа́рке в воскресе́нье. / Ма́ма налива́ет суп из кастрю́ли.

3 — Я налива́ю чай из ча́йника. / Я рису́ю авто́бус.

2 — Макси́м пришёл из шко́лы. / Молоко́ в холоди́льнике.

1 — Я рису́ю принце́ссу. / Ба́бушка вы́шла из ку́хни.

НАЧА́ЛО ИГРЫ

УРОК 15

ЧЕМУ́ МЫ НАУЧИ́ЛИСЬ. ЧТО МЫ МО́ЖЕМ СКАЗА́ТЬ ПО-РУ́ССКИ.

- Прогно́з пого́ды
- Отку́да и куда́?
- Времена́ го́да и ме́сяцы
- Когда́? Иногда́, никогда́, всегда́.
- Чи́сла до 1000
- Что ты ви́дишь на карти́не?
- Из чего́ сде́лано?
- Что мо́жно уви́деть в городско́м музе́е?
- Я боле́ю
- Гото́вим еду́

КОМИКС

- Надеюсь, вы не против?
- Это было бы здорово! Они это заслужили.
- Вот и хорошо. Когда выздоровеешь, приходи к нам на выставку собак.
- Мы будем ждать!
- Спасибо! Мы придём!
- Я очень тобой горжусь!

УРОК 15

ТРИ МЕДВÉДЯ. НАЧÁЛО

УРОК 15

ТРИ МЕДВЕ́ДЯ. ПРОДОЛЖЕ́НИЕ

СОДЕРЖАНИЕ

Номер урока и страницы	О чём мы говорим	Как мы это говорим
Урок 1 с 1-4	У кого что есть.	У принцессы корона. У автобуса четыре колеса.
Урок 2 с 5-8	Рассказываем про город. Отвечаем на вопрос *Откуда?*	Центр нашего города. Недалеко от центральной площади. Справа от ресторана.
Урок 3 с 9-12	Считаем деньги. Покупаем подарки.	187 рублей, 51 рубль, 22 рубля. Подарки для бабушки, подарки от бабушки.
Урок 4 с 13-16	Что можно увидеть и узнать в городском музее? Из чего сделаны предметы?	Можно увидеть картину, можно узнать историю города, улицы, стадиона. Дом деревянный, он сделан из дерева.
Урок 5 с 17-20	Русский язык. Россия. Москва.	Я русский, я говорю по-русски. Москва - столица России. Сказка «Колобок».
Урок 6 с 21-24	Времена года и месяцы. Прогноз погоды.	Какая погода была вчера? Вчера было солнечно. В четверг был дождь.
Урок 7 с 25-28	Отвечаем на вопрос *Когда?* Числа до 2000.	Когда у тебя день рождения? - Мой день рождения в апреле. Какой вес у слона? - Слон весит 1726 килограммов.
Урок 8 с 29-32	Продолжаем отвечать на вопрос *Когда?* Играть в футбол, играть на скрипке.	Иногда, никогда, всегда. Вова играет на гитаре, Иван играет в баскетбол.
Урок 9 с 33-36	Наше тело. У врача.	У меня болит нога. Ваш сын здоров.
Урок 10 с 37-40	Повторение уроков 6-10.	В январе холодно, часто идёт снег и дует ветер. Я сижу дома, я играю на компьютере или играю на пианино. Сказка «Курочка Ряба».

СОДЕРЖАНИЕ

Номер урока и страницы	О чём мы говорим	Как мы это говорим
Урок 11 с 41-44	Еда, продукты. Пора что-то делать.	Я хочу есть, что сегодня на обед? Сегодня на обед суп и салат. Пора обедать.
Урок 12 с 45-48	Готовим еду.	Что ты готовишь? Я готовлю котлеты и картошку на ужин. Я пеку печенье. Я варю суп на обед.
Урок 13 с 49-52	На столе посуда.	Тарелка супа, ложка сахара.
Урок 14 с 53-56	Из большого холодильника, в большом холодильнике.	Масло в большом холодильнике. Я достаю молоко из большого холодильника.
Урок 15 с 57-60	Повторение всего курса. Что мы можем сказать по-русски.	Сказка «Три медведя».

СОРОКА

ЧТО МЫ ЗНАЕМ ОБ УЧЕБНИКЕ?

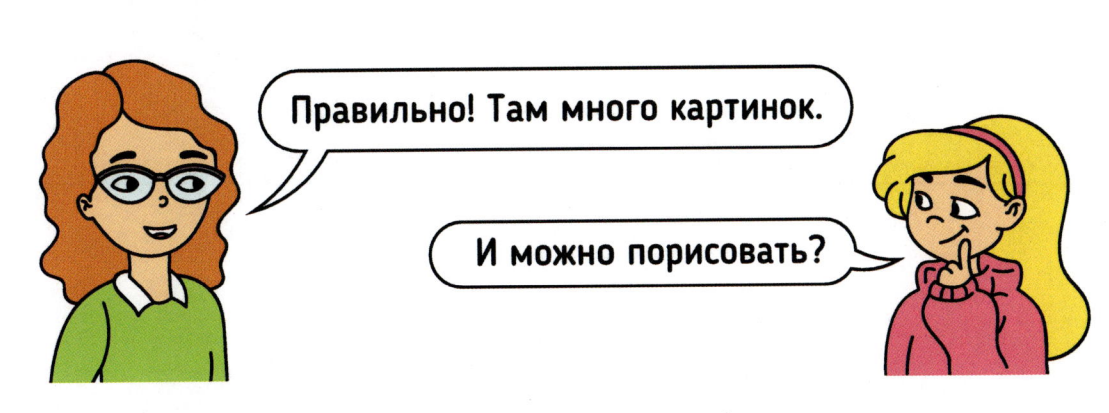

— Учебник РКИ для детей – это ....

— Много картинок?

— Правильно! Там много картинок.

— И можно порисовать?

— Да, можно порисовать.

УРОК 8 (29)
Нарисуй свою семью.

— А кроссворды есть?
— Есть и кроссворды.

— А раскраски?
— Вот.

— Может, у Вас и комиксы есть?
— Да, комиксы тоже есть.

А поиграть?
Можно и поиграть.
Игра.
Привет, Аня!
Кто это?
А почему у Вас одни страницы цветные, а другие - черно-белые?
Потому что у нас две книги.
СОРОКА
УЧЕБНИК 1
СОРОКА
Цветные страницы в учебнике.
УРОК 2
7
ЧТО ЭТО?
Посмотри и скажи.
карандаш
стул
линейка
ластик
портфель
ручка
книга
стол
Теперь посмотри и скажи.
Что это?
Это ручка
УРОК 15
57
ЧТО НЕ ТАК?

— А чёрно-белые – в рабочей тетради, чтобы можно было раскрасить и порисовать.

— Но это все один учебник?

— Да. Когда ты выучишь слова в учебнике, напишешь их в рабочей тетради.

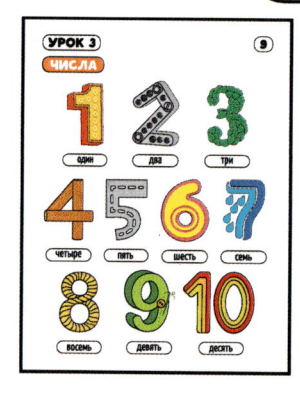

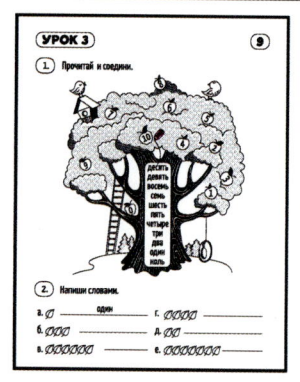

— У Вас же три книги, а не две!

— Это скучная книга для взрослых, там нет картинок. В ней рассказано, как работать с учебником.

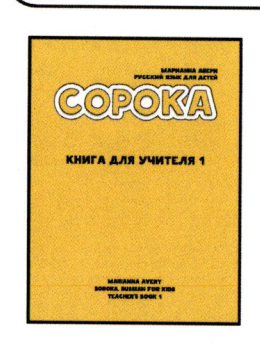

— А! Знаю! У Вас там ответы на задания. ДА?

— Совершенно верно. А еще там сценарии игр.

— Еще игры? Ура! Мы будем еще играть!

— Конечно, будем играть! А еще в этой книге контрольные.

— Контрольные? А разве мне нужно писать контрольные?

— Я думаю, что да, нужно. На уроке я слышу, как ты говоришь по-русски, но мне надо проверить, как ты умеешь читать и писать.

— Не волнуйся, ты справишься! Контрольные ведь тоже бывают интересные.

Допиши слова. [5 баллов]

Девочка в длинн*ой* юбк*е*,
⑥ болш__ туфл__,
⑦ бел__ блузк__,
⑧ стар__ шляп__,
⑨ в черн__ носк__,
⑩ на высок__ стул__.

Если остались вопросы – задай их в группе на Фейсбуке:
www.facebook.com/marianna.avery/
www.facebook.com/groups/avery.soroka/

Made in the USA
Middletown, DE
17 August 2022